Richard
STRAUSS

ARIADNE AUF NAXOS
Opera in One Act with Prologue
Op. 60 / TrV 228a
(1916)

Vocal Score
Klavierauszug

SERENISSIMA MUSIC, INC.

Max Reinhardt

in Verehrung und Dankbarkeit gewidmet

Richard Strauss.   Hugo von Hofmannsthal.

Personen des Vorspiels

Der Haushofmeister	Sprechrolle
Ein Musiklehrer	Bariton
Der Komponist	Sopran
Der Tenor (Bacchus)	Tenor
Ein Offizier	Tenor
Ein Tanzmeister	Tenor
Ein Perückenmacher	Hoher Bass
Ein Lakai	Bass
Zerbinetta	Hoher Sopran
Primadonna (Ariadne)	Sopran
Harlekin	Bariton
Scaramuccio	Tenor
Truffaldin	Bass
Brighella	Hoher Tenor

Personen der Oper

Ariadne .... Sopran
Bacchus .... Tenor
Najade .... Hoher Sopran
Dryade .... Alt
Echo .... Sopran
Zerbinetta ....⎫ ⎧ Hoher Sopran
Harlekin .... ⎪ ⎪ Bariton
Scaramuccio .... ⎬ als Intermezzo ⎨ Tenor
Truffaldin .... ⎪ ⎪ Bass
Brighella .... ⎭ ⎩ Hoher Tenor

CONTENTS

Vorspiel

Einleitung	1
Mein Herr Haushofmeister!	5
Du allmächtiger Gott!	16
Meine Partner	29
Ich weiss nicht	44
Ein augenblick ist wenig	65
An ihre Plätze	71

Oper

Ouverture	82
Schläft sie?	86
Ach! Wo war ich?	95
Lieben, Hassen, Hoffen, Zagen	107
Es gibt ein Reich	111
Die Dame gibt mit trüben Sinn	118
Grossmächtige Prinzessin	139
Hübsch gepredigt!	157
Ein schönes Wunder!	187
Circe, kannst du mich hören?	193
Ich grüsse dich	216
Gibt es ein Hinüber	232

Duration: 2.5 hours
Premiere: October 4, 1916
Vienna, Hofoper
Vocal soli, Chorus and Orchestra, Franz Schalk (conductor)
ISMN: 979-0-093-00436-8
This score is a slightly modified unabridged reprint of the score
published in 1916 by Adolf Fürstner, plate A. 6368 F.
The score has been enlarged to fit the present format.

ORCHESTRA

2 Flutes (2nd also Piccolo)

2 Oboes

2 Clarinets in A, B-flat (2nd also Bass Clarinet)

2 Bassoons

2 Horns (E, F, E-flat, D)

Trumpet (C, B-flat)

Trombone

Timpani
Triangle, Tambourine, Cymbals,
Snare Drum, Bass Drum, Glockenspiel

Piano

Celesta

Harmonium

2 Harps

Violins I (2 players)

Violins II (2 players)

Violins III (2 players)

Violas (4 players)

Cellos (4 players)

Double Basses (2 players)

ARIADNE AUF NAXOS
VON
RICHARD STRAUSS

VORSPIEL

Klavierauszug von
Otto Singer

SERENISSIMA MUSIC, INC.

5

(Vorhang auf.)   Haushofmeister (tritt auf)

Musiklehrer   (ihm entgegen)

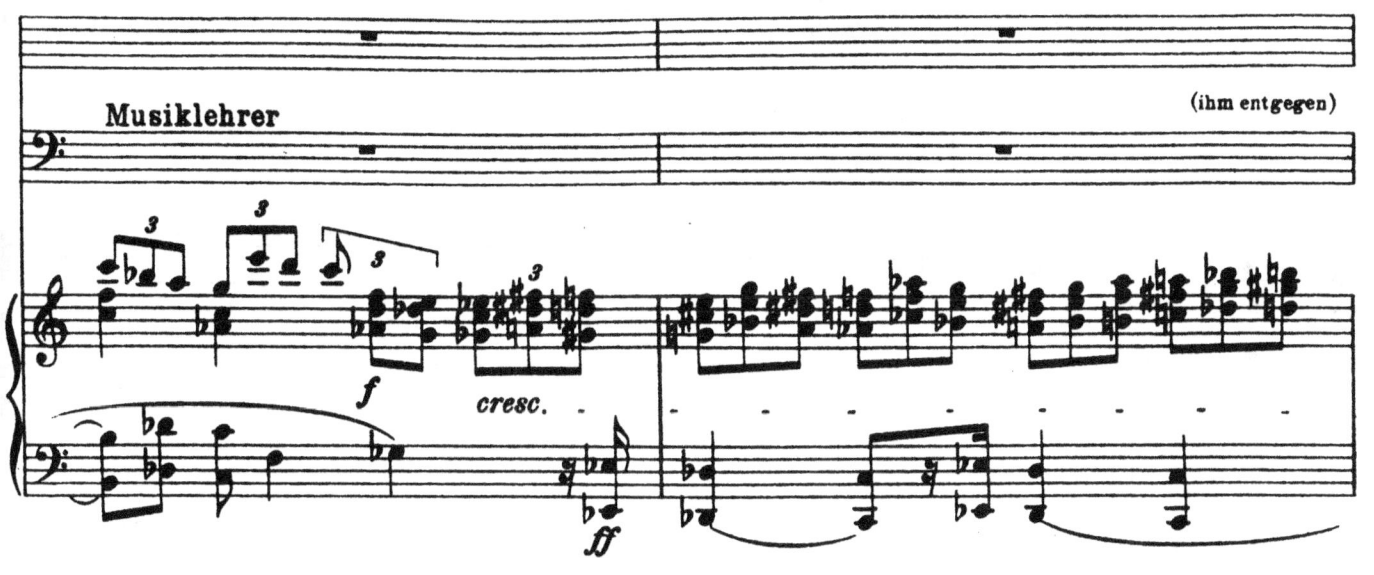

(Ein tiefer, kaum möblierter und dürftig erleuchteter Raum im Hause eines großen Herrn. Links und rechts je 2 Türen. In der Mitte ein runder Tisch. Tief im Hintergrunde sieht man Zurichtungen zu einem Haustheater. Tapezierer und Hausarbeiter haben einen Prospekt aufgerichtet, dessen Rückseite sichtbar ist. Zwischen diesem Teil der Bühne und dem vorderen Raum läuft ein offener Gang querüber.)

7

(streng im Rytmus, aber im Charakter des Seccorecitativs)

sehr lebhaft — Mein Herr Haushofmeister, mein Herr Haushofmeister!   Sie su-che ich im ganzen

Haushofmeister:

gesprochen: Womit kann ich dienen? Muß allerdings bemerken, daß
ich pressiert bin. Die Vorbereitungen zur heutigen großen Assemblée im Hause des reichsten Mannes in Wien,—
wie ich meinen gnädigen Herrn wohl betiteln darf—

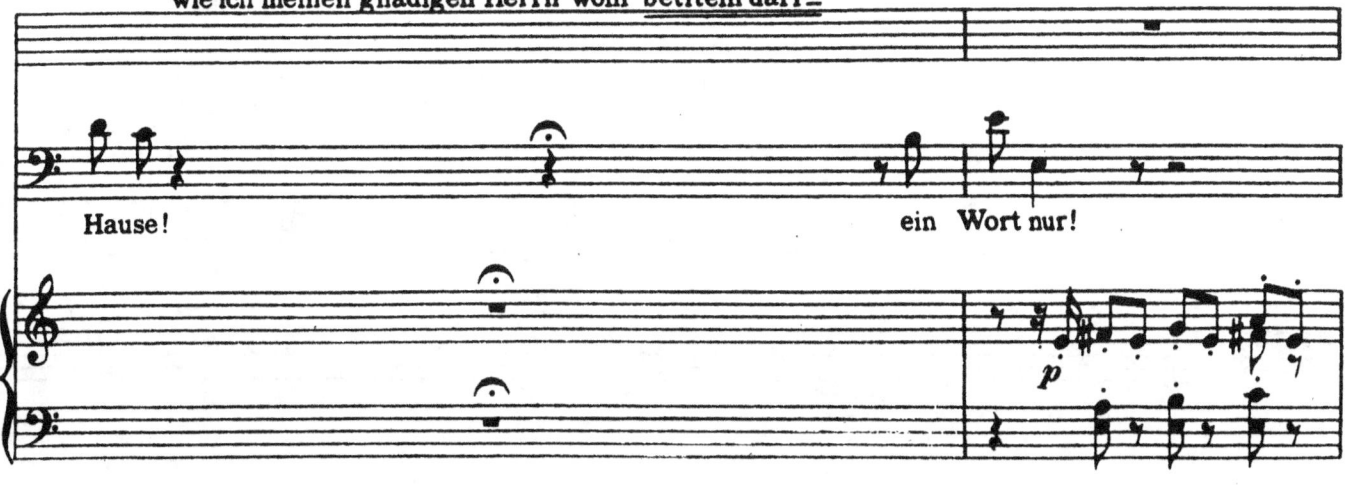

Hause!   ein Wort nur!

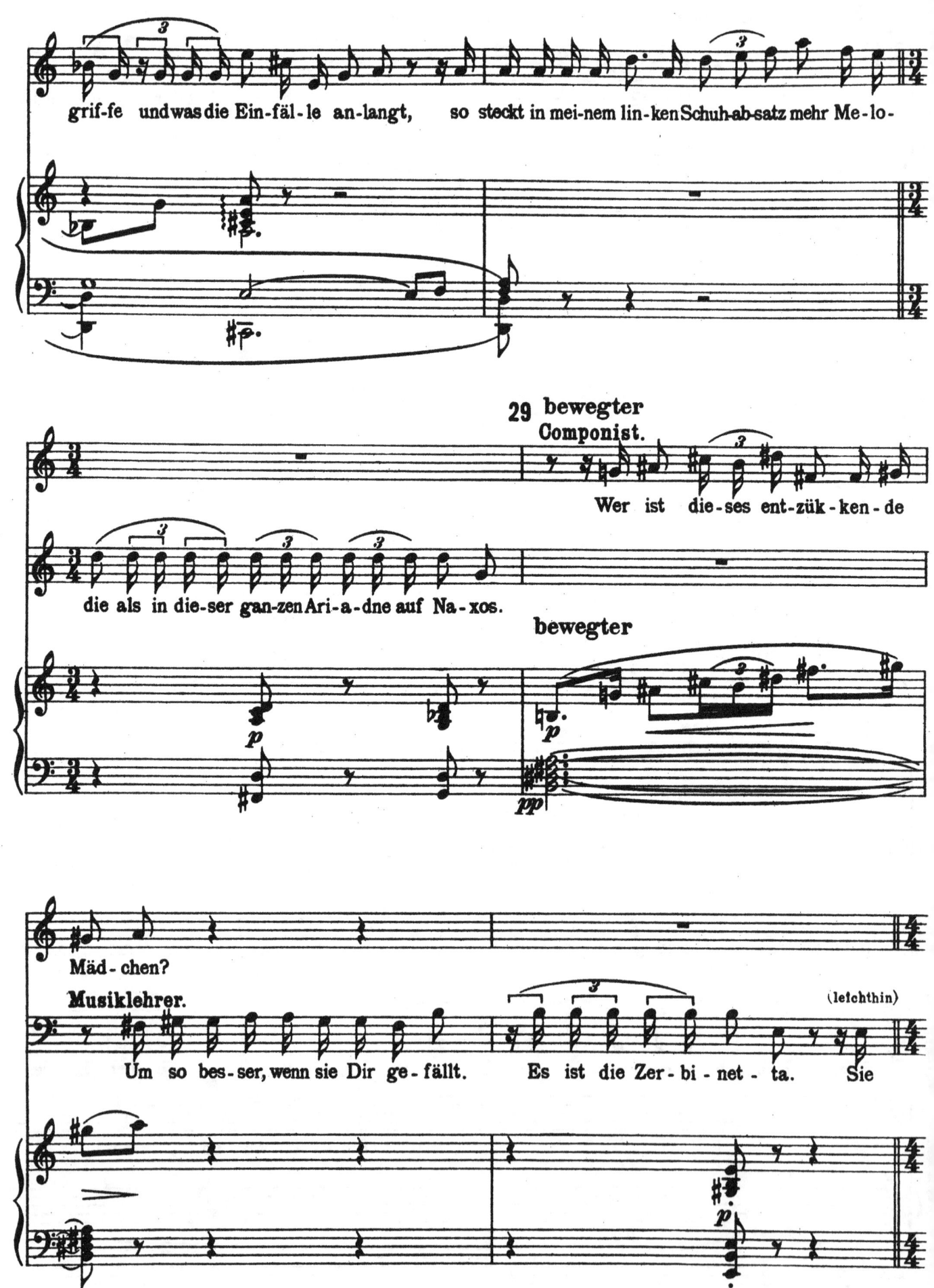

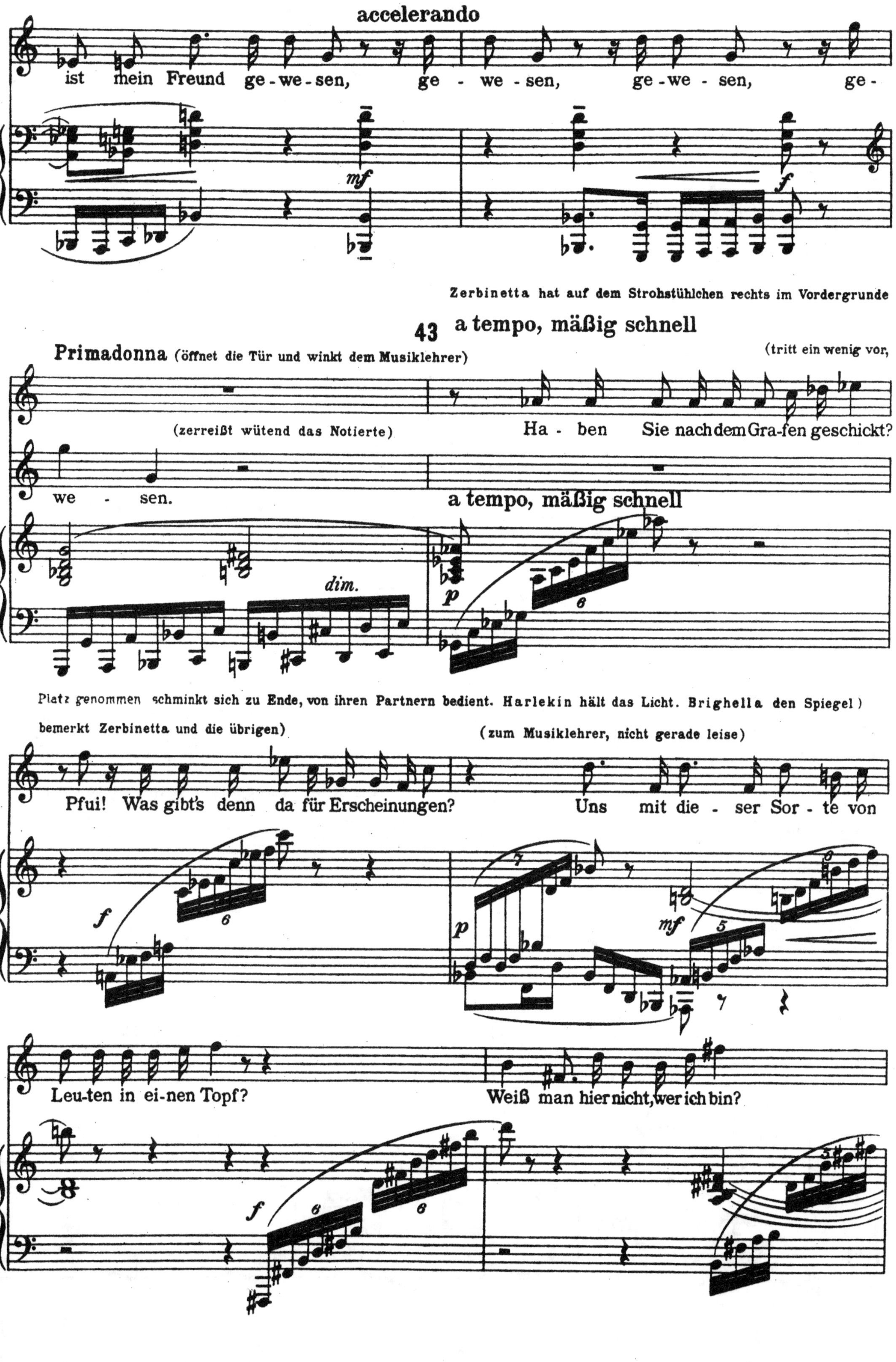

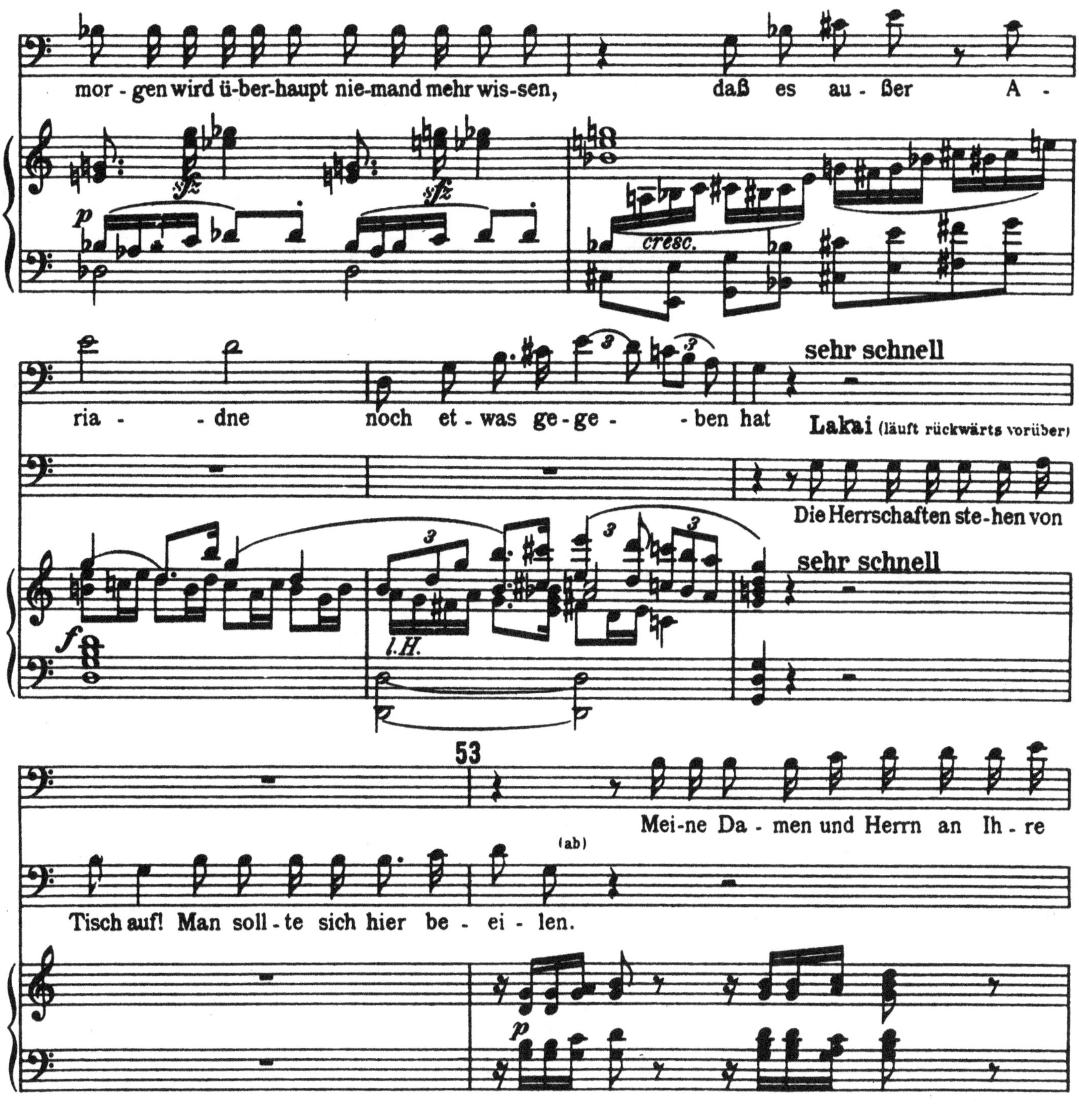

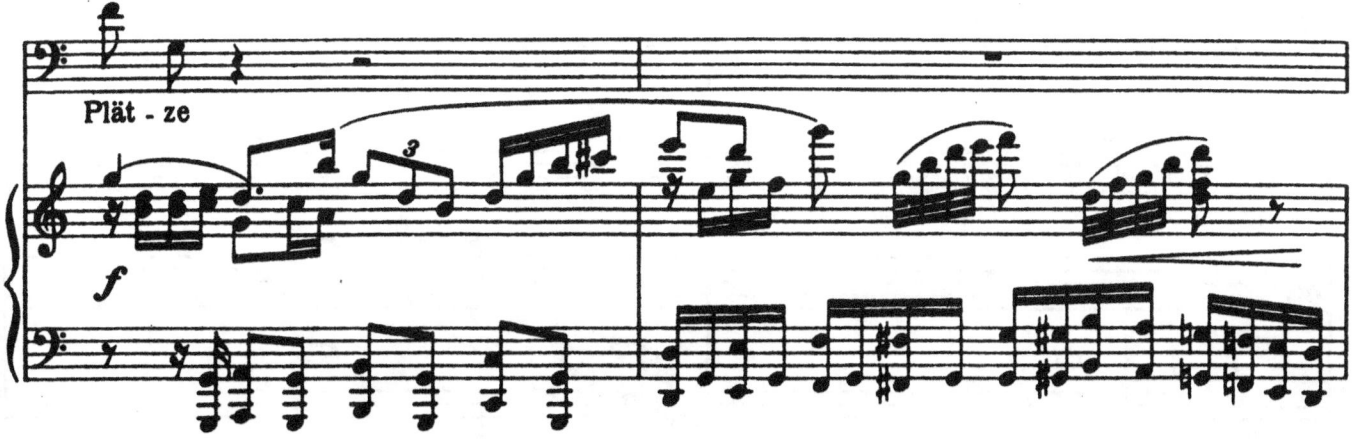

41

erschrocken, Zerbinetta horcht von rechts)

Haushofmeister
(mit hochmütiger Ironie) Es ist genau so, wie ich es sage. Wie Sie es machen werden, das ist natürlich Ihre Sache.

(sehr wichtig und pompös:) Mein gnädiger Herr ist der für Sie schmeichelhaften Meinung, daß Sie beide Ihr Handwerk genug verstehen, um eine solche kleine Änderung auf eins, zwei durchzuführen. — Es ist nun einmal der Wille meines gnädigen Herrn, die beiden Stücke, das lustige und das traurige, mit allen Personen und der richtigen Musik, so wie er sie bestellt und bezahlt hat, gleichzeitig auf seiner Bühne serviert zu bekommen.

Musiklehrer
(dumpf)
Uns-re Sa-che.

Und zwar so, daß die ganze Vorstellung deswegen auch nicht einen Moment länger dauert, denn für Punkt neun Uhr ist ein Feuerwerk im Garten anbefohlen

57

Zerbinetta (läuft in ihr Zimmer)
Da muß ich mich ja be-ei - len!

Warum gleichzeitig?   Ja,

tempo primo

acceler.

ARIADNE AUF NAXOS
VON
RICHARD STRAUSS

OPER

Ouverture

Ariadne vor der Höhle auf dem Boden, regungslos.

Najade links. Dryade rechts. Echo rückwärts an der Wand der Grotte.

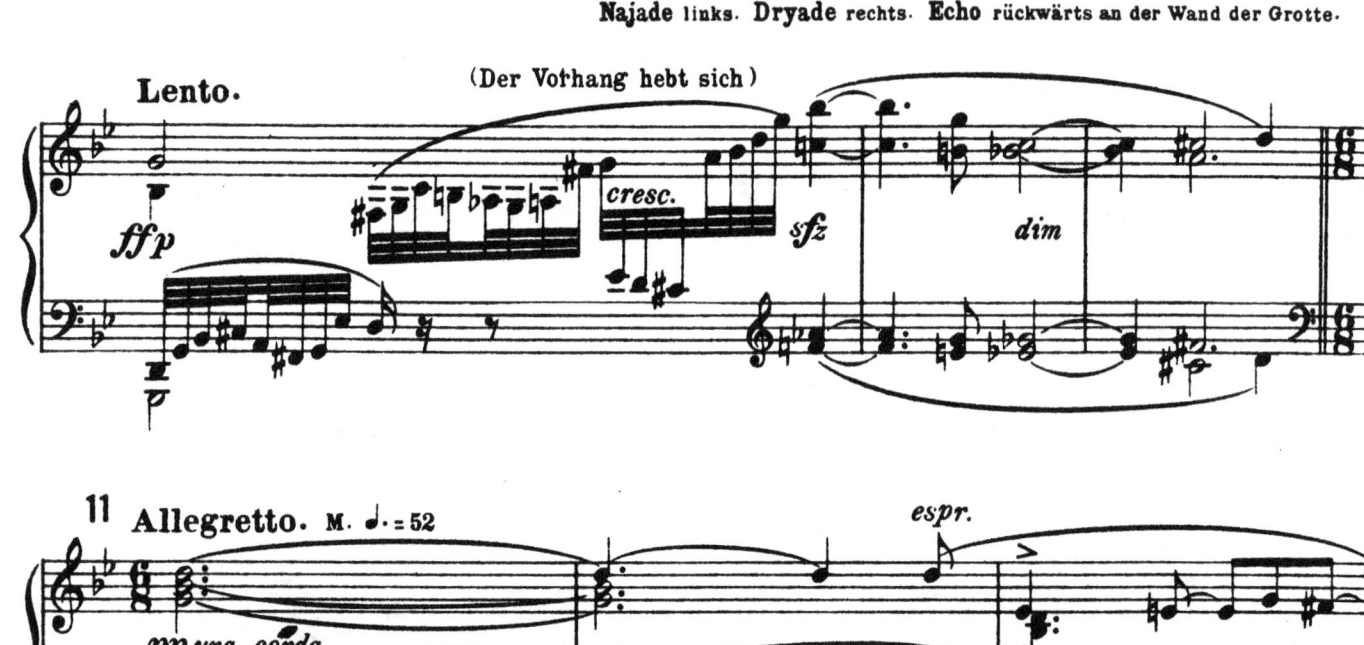

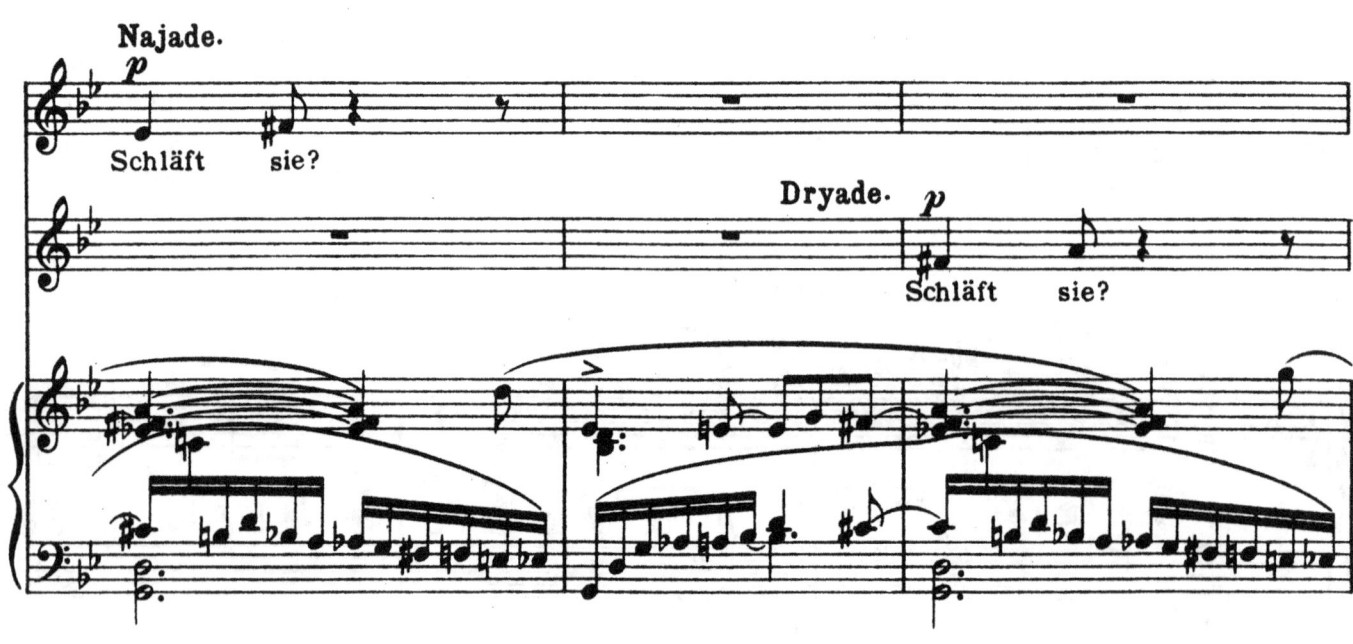

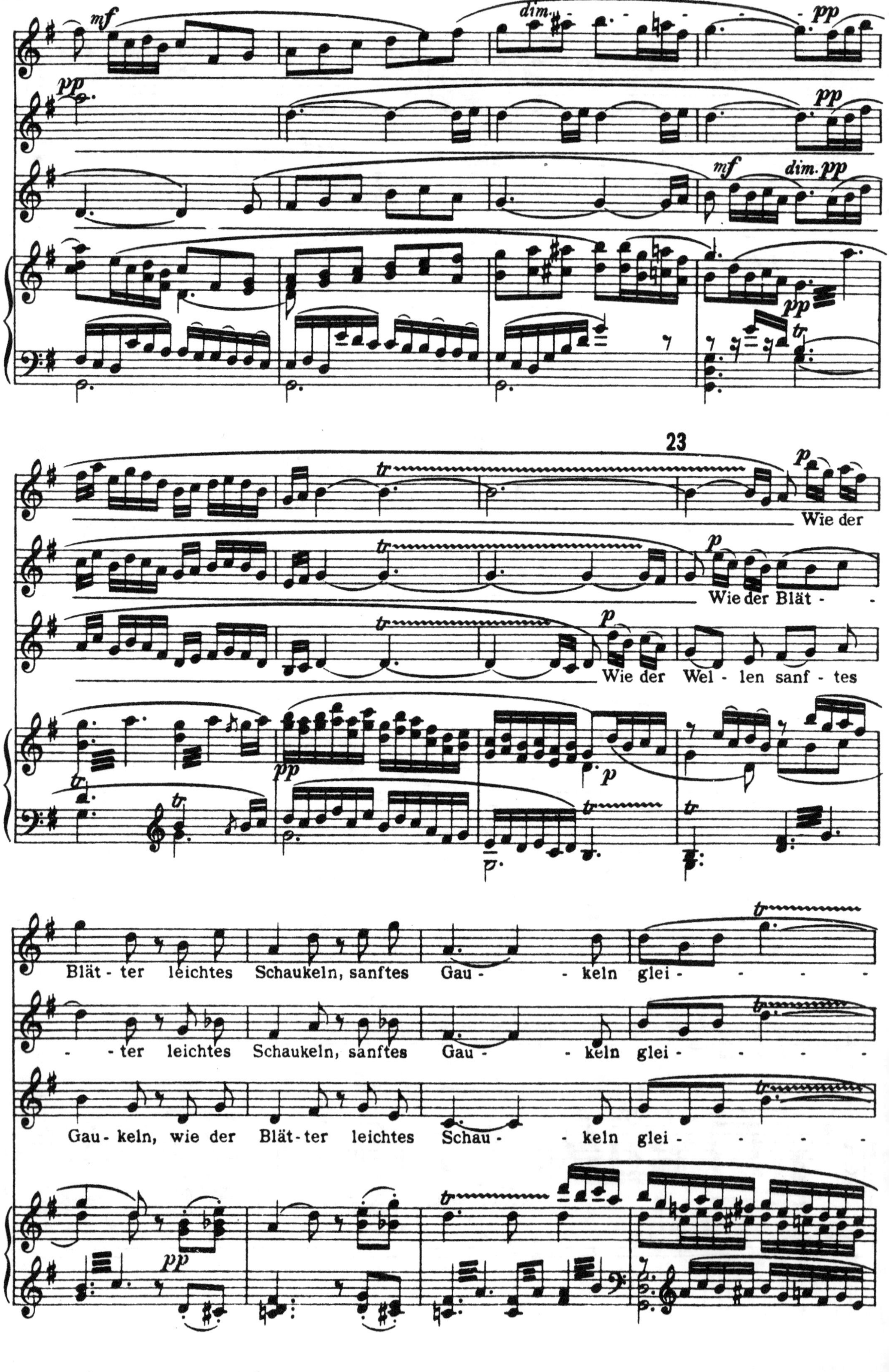

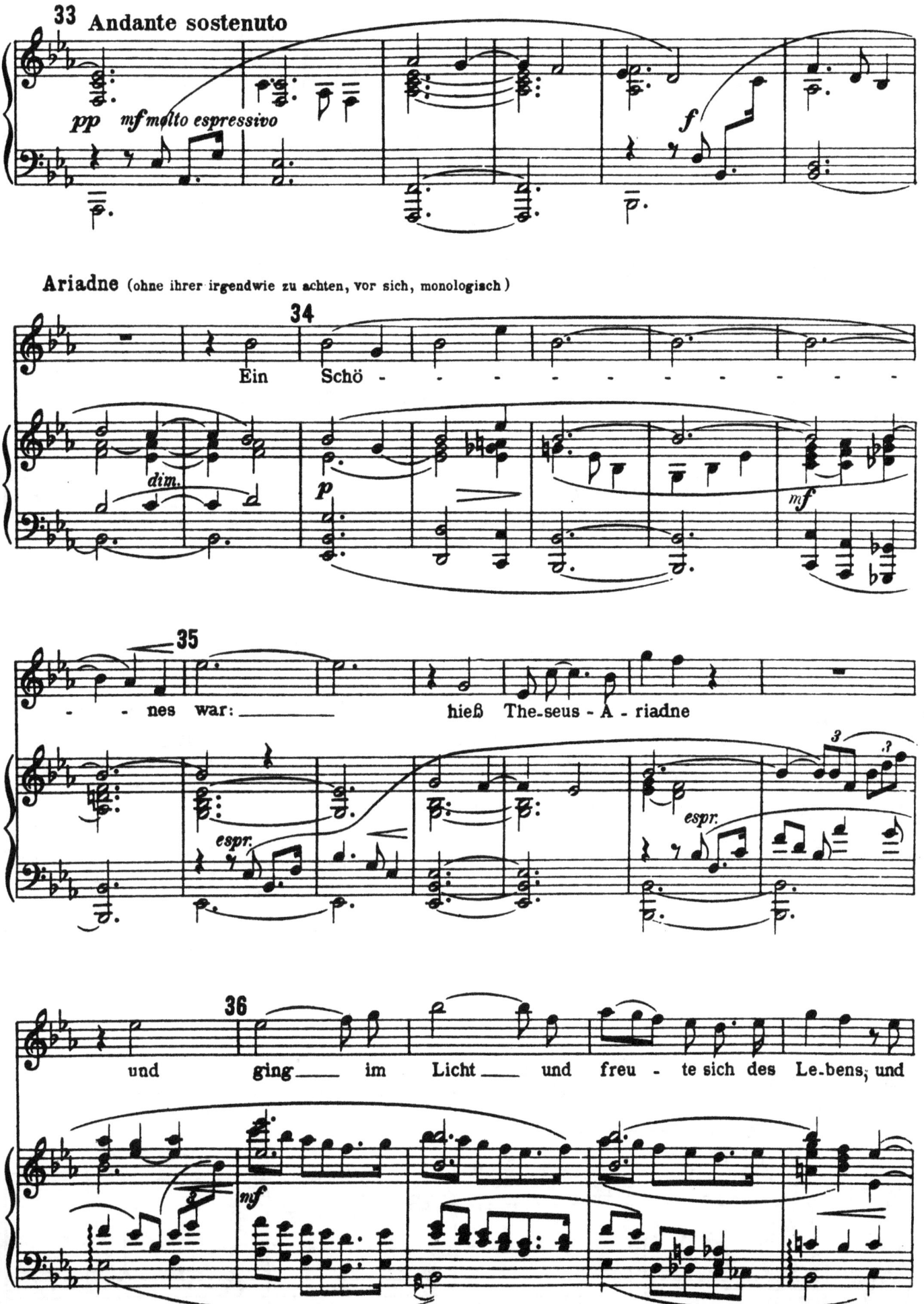

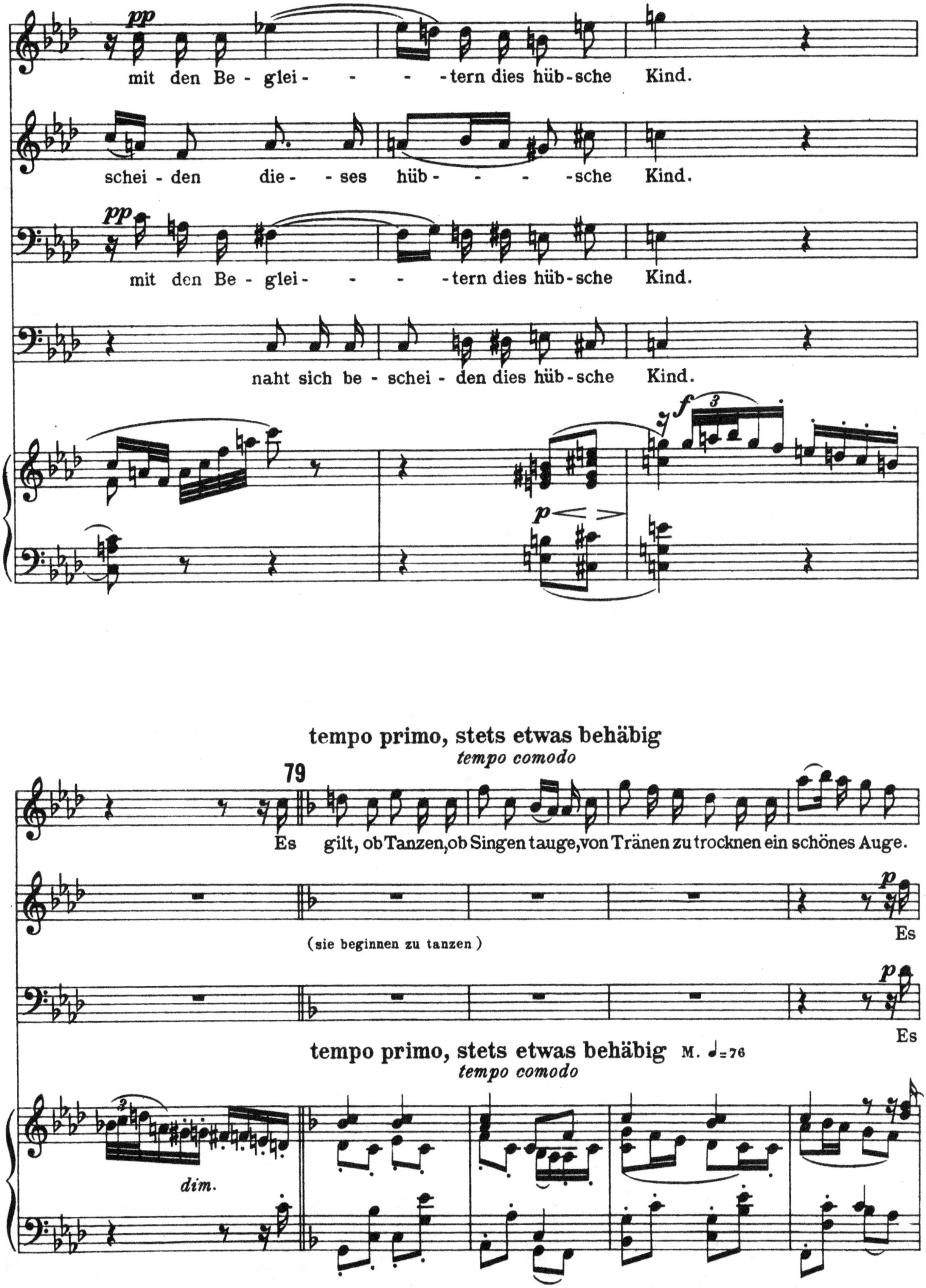

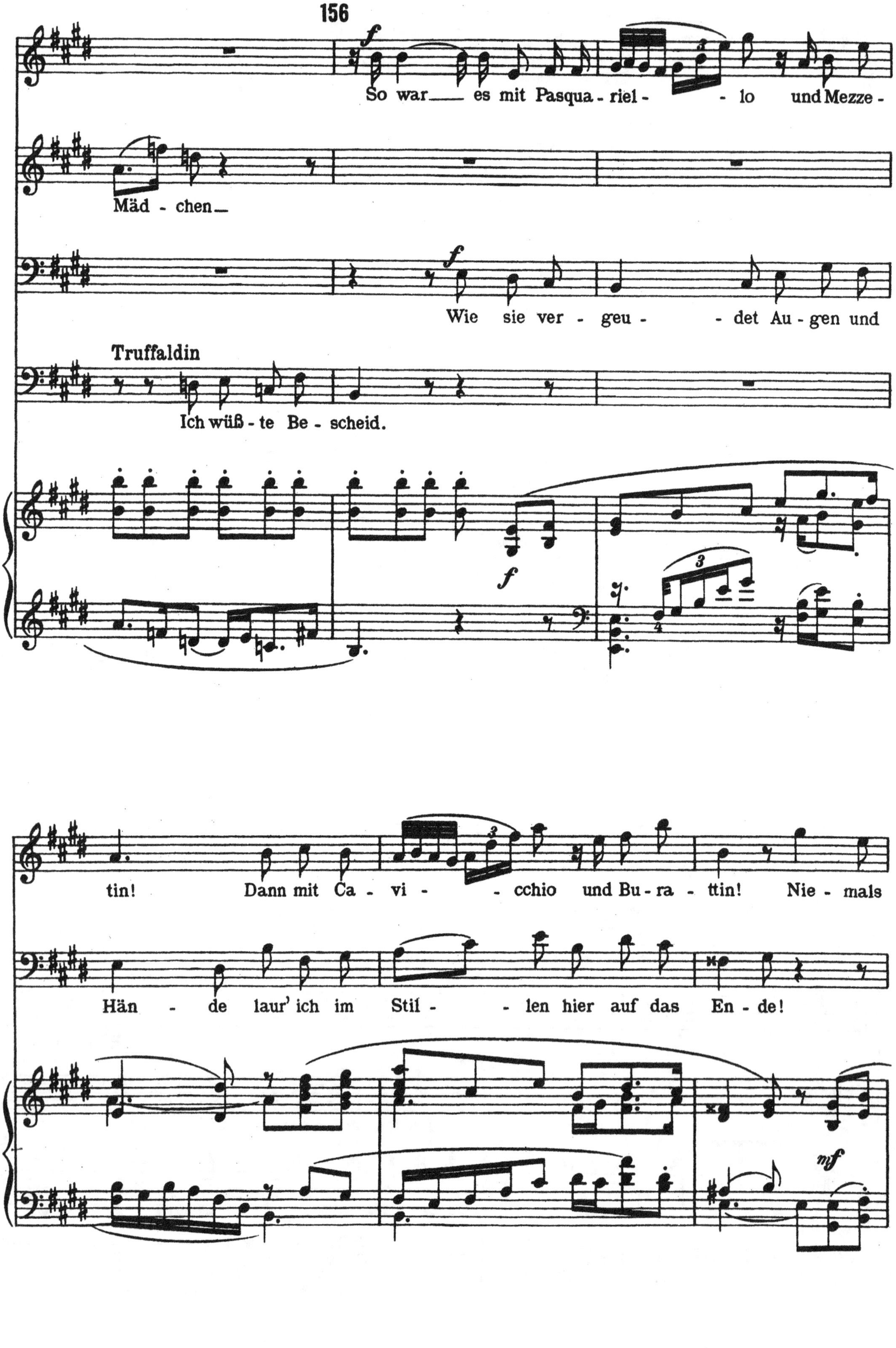

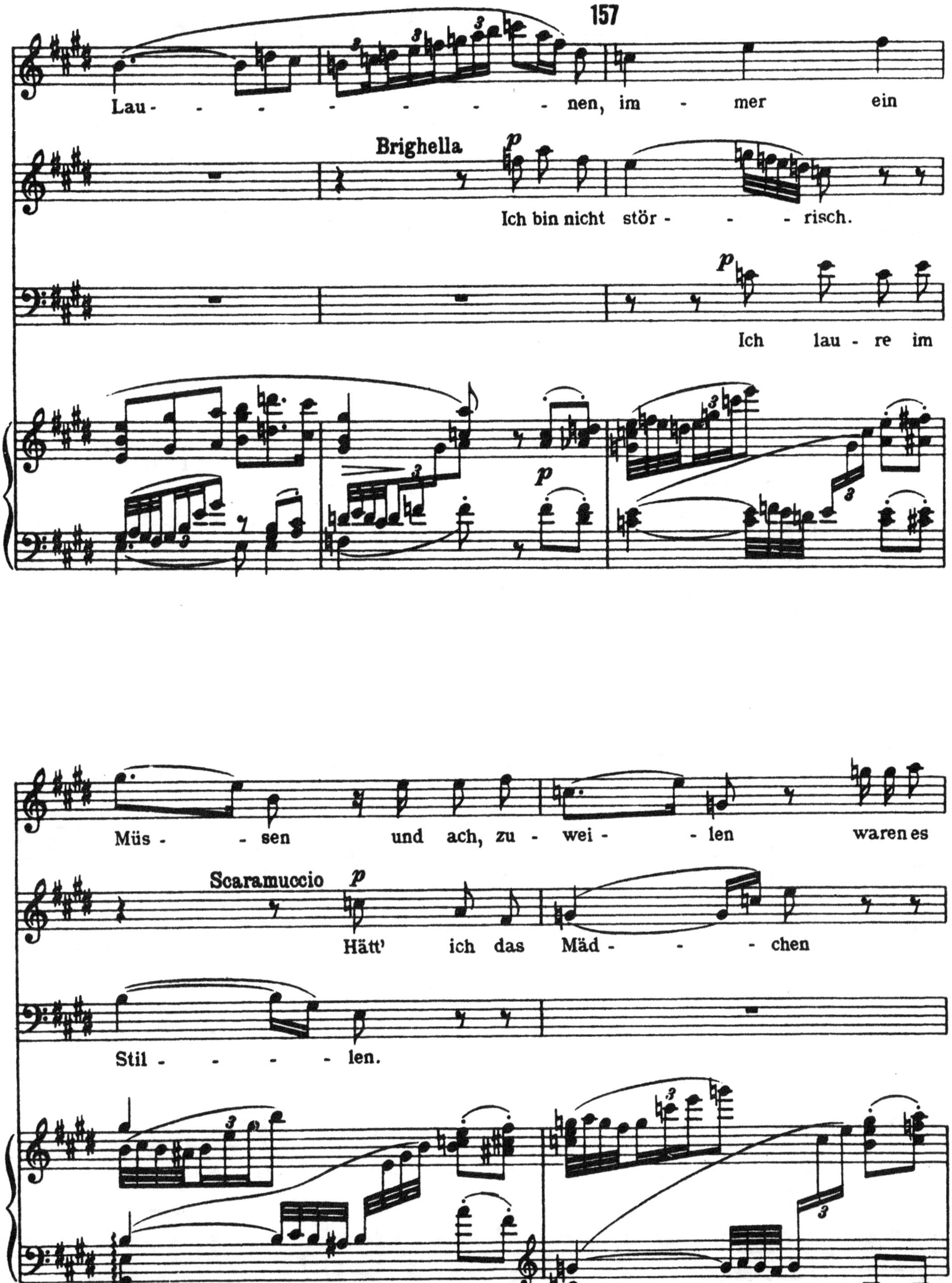

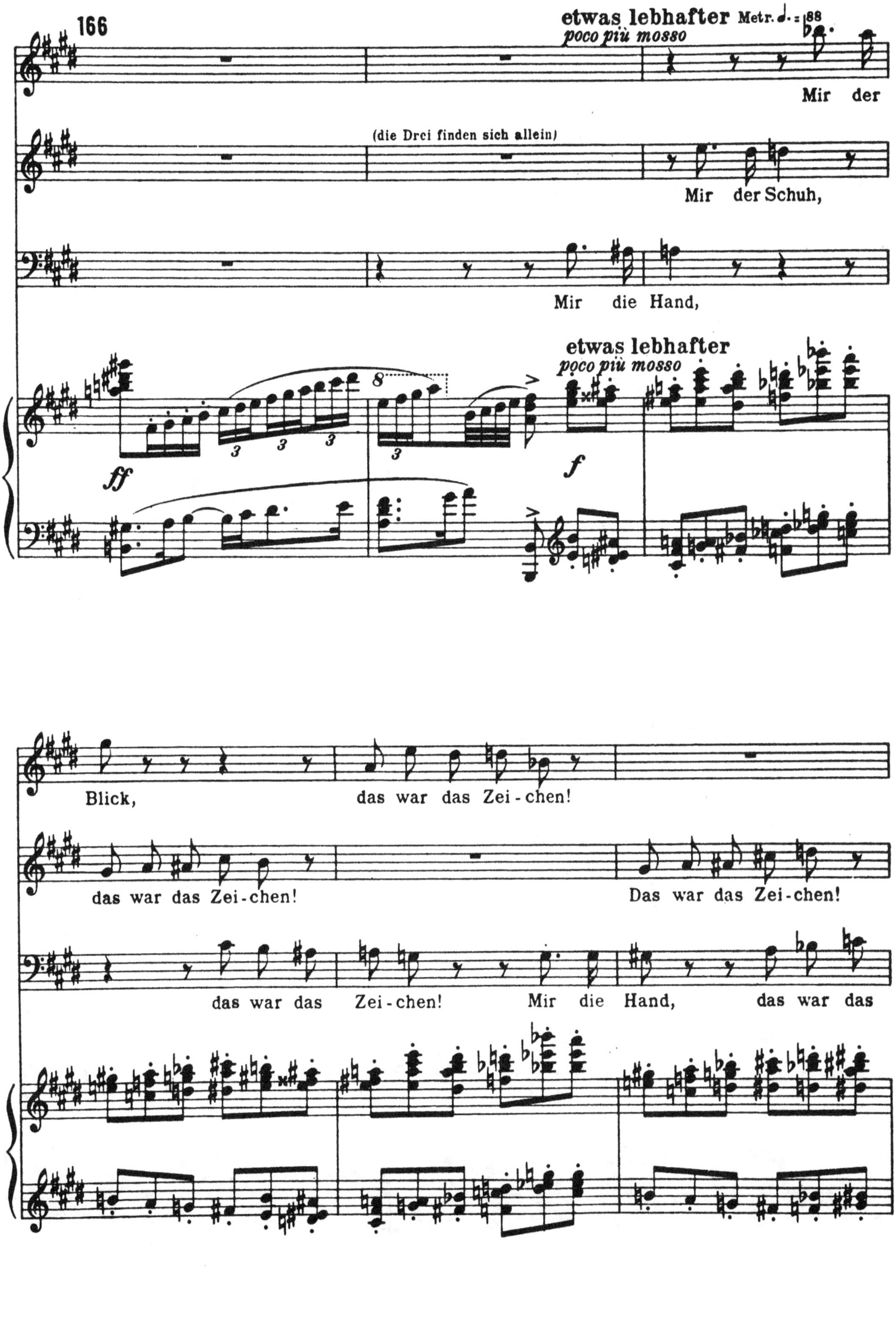

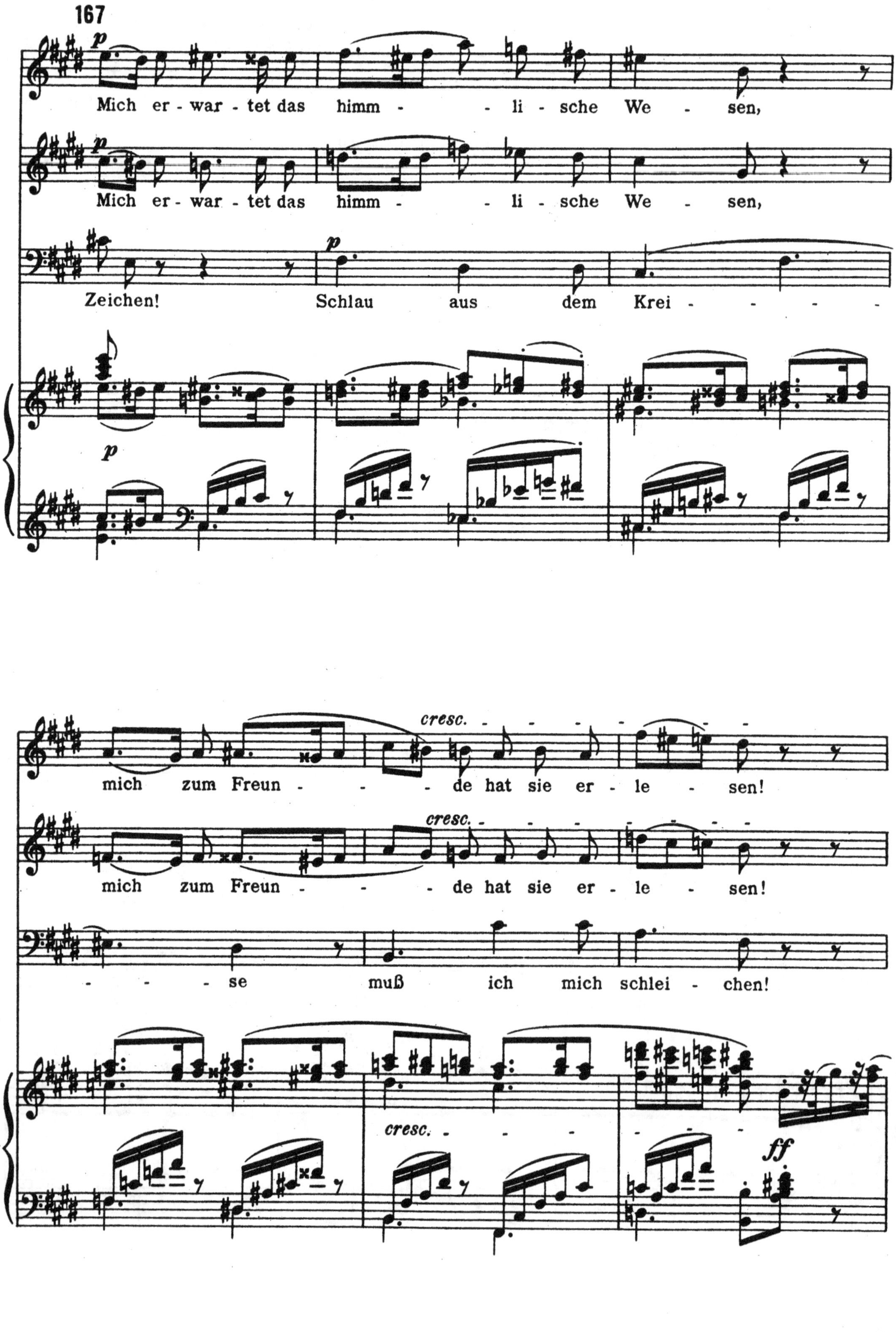
167
p
Mich er - war - tet das himm - - li - sche We - sen,
p
Mich er - war - tet das himm - - li - sche We - sen,
p
Zeichen! Schlau aus dem Krei - - - - -
p
mich zum Freun - - - de hat sie er - le - sen!
cresc.
mich zum Freun - - - de hat sie er - le - sen!
cresc.
- - - se muß ich mich schlei - chen!
cresc.
ff

186

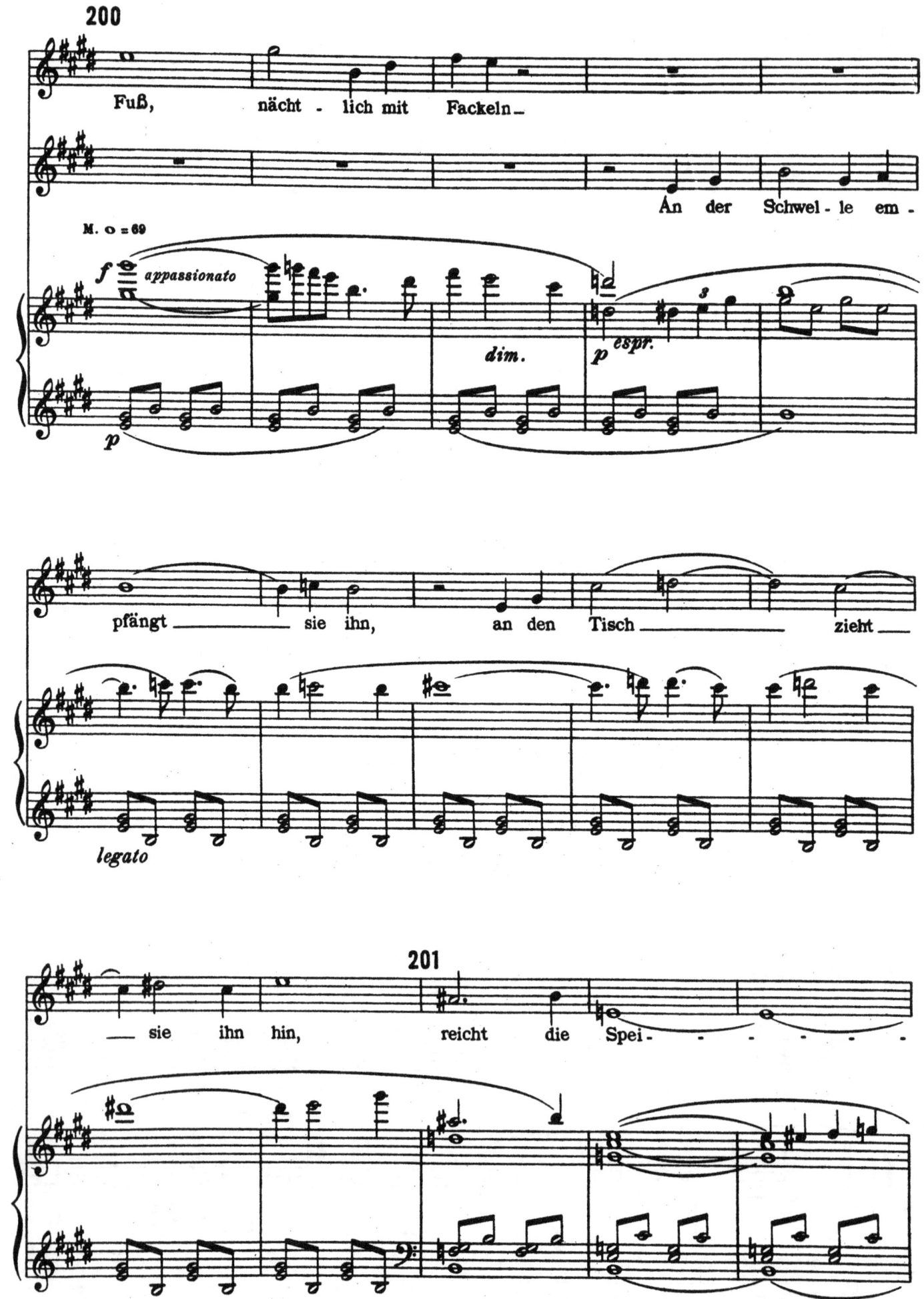

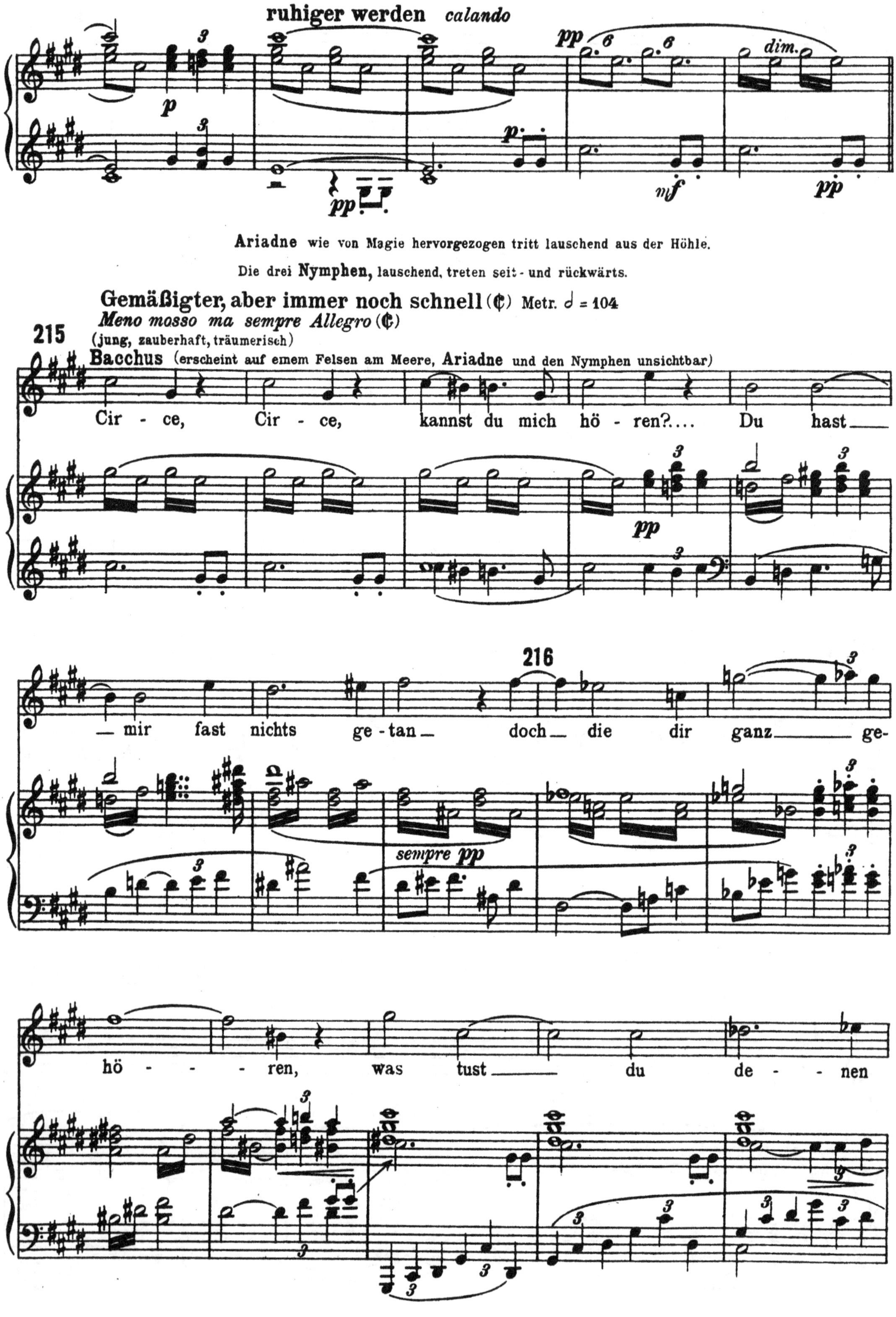

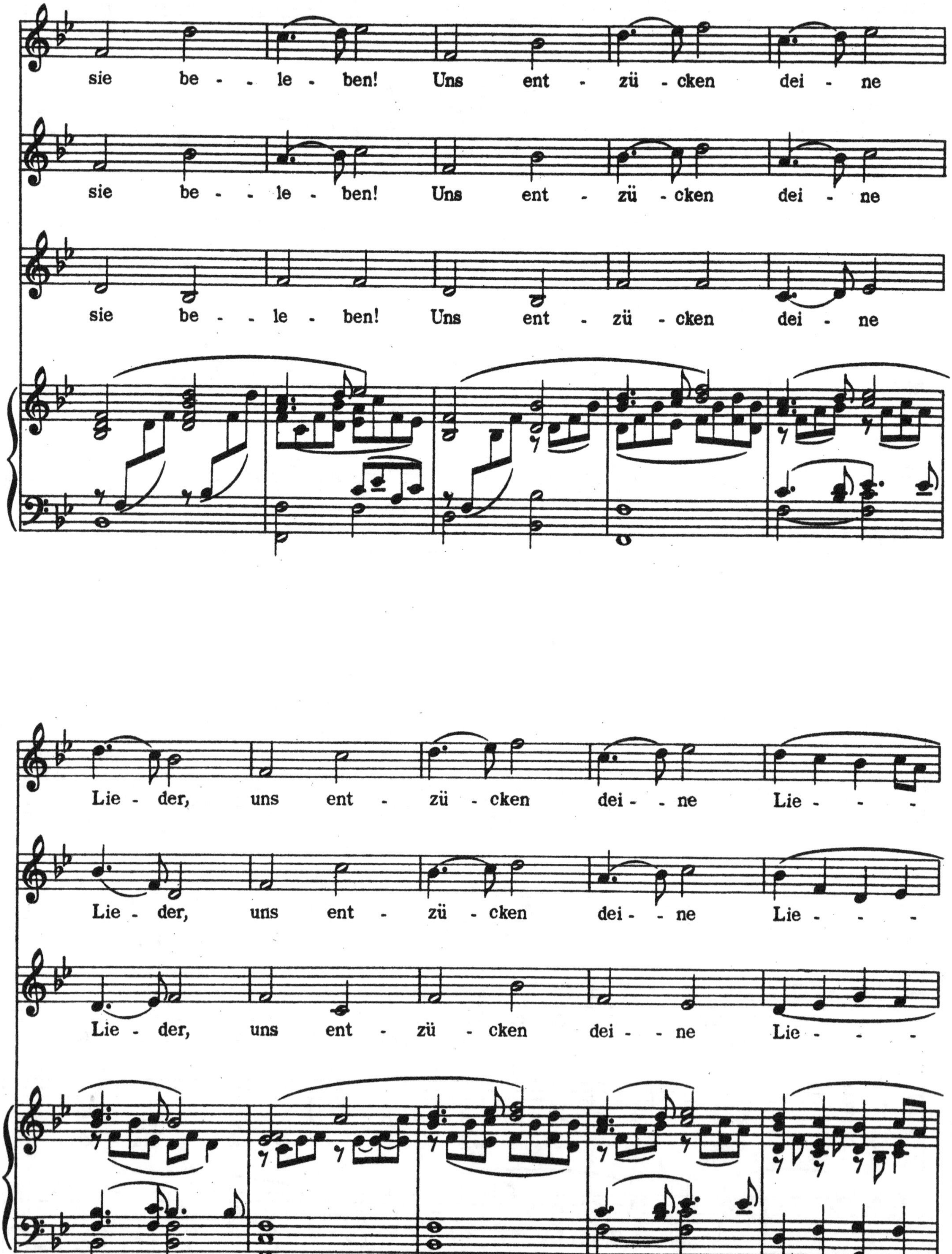

227

etwas bewegter M. ♩. = 84
un poco più mosso

305

Ariadne (ängstlich zurückweichend vor der Gewalt seines Tones).

Das waren Zau-ber-wor-te! Weh! So schnell! Nun gibt es kein Zu-rück! Gibst du Ver-ges-sen-heit so zwischen Blick und Blick? Ent-fernt sich al-les von mir? Die Son-ne? Die Ster-ne? Ich mir sel-ber? Sind meine Schmer-zen

306

307

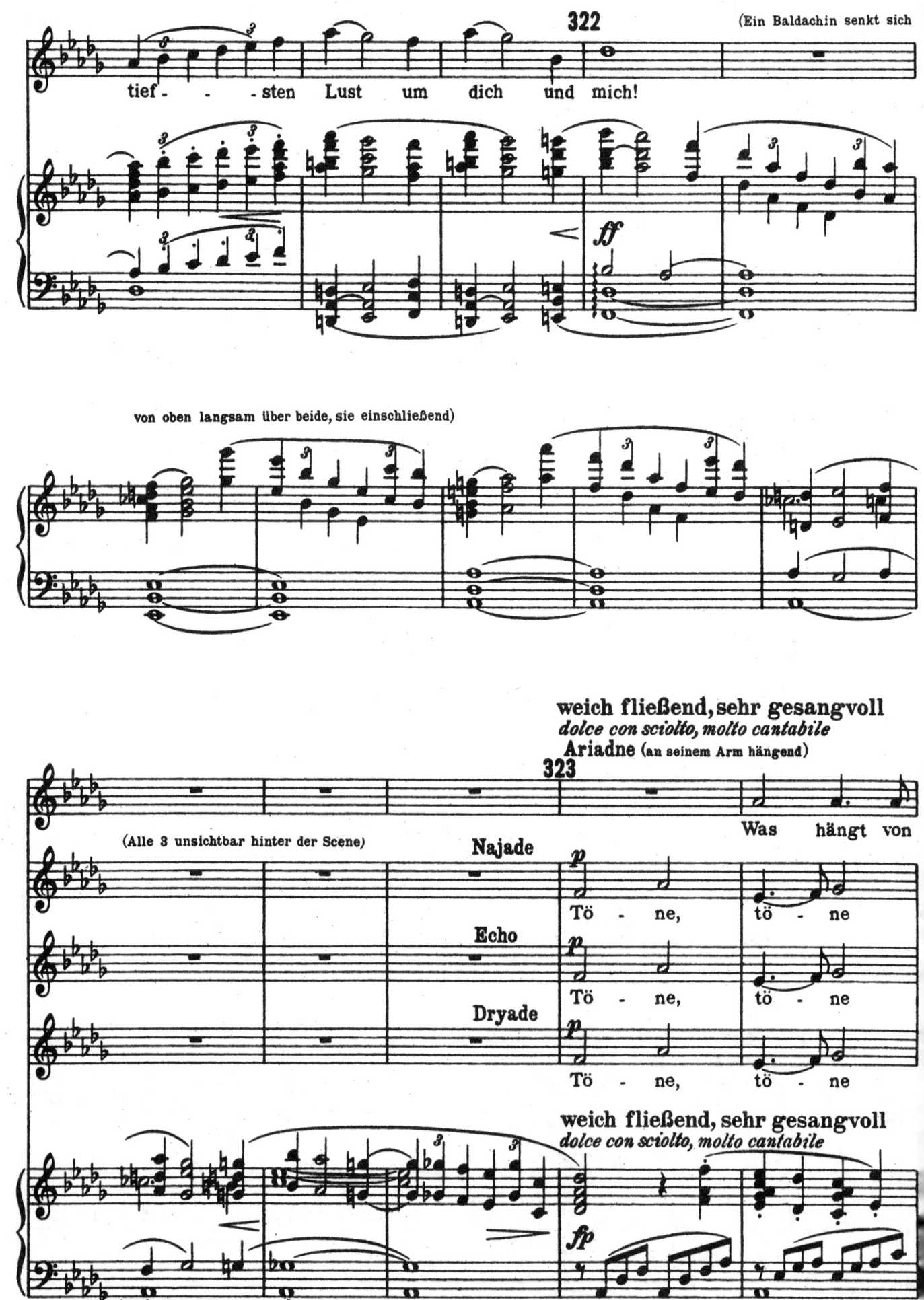

Hauch? Was, was bleibt von A-ria-dne?
cresc.
mf
uns ent-zü-cken sol-che Lie-der. Uns ent-
uns ent-zü-cken sol-che Lie-der. Uns ent-
uns ent-zü-cken sol-che Lie-der. Uns ent-
f
poco calando
325
ruhiger
meno mosso
Was bleibt, was bleibt von A-ria-dne
zü-cken sol-che Lie-der!
zü-cken sol-che Lie-der!
zü-cken sol-che Lie-der!
dim.
pp
p

332 Sehr breit und feierlich (Der Baldachin schließt sich über Ariadne und Bacchus)